Impressum
Verlag: BABADADA GmbH, Nedderfeld 112 , 22529 Hamburg
Geschäftsführer / Verlagsleitung: Harald Hof
Druck: Books on Demand GmbH, In de Tarpen 42, 22848 Norderstedt

Imprint
Publisher: BABADADA GmbH, Nedderfeld 112 , 22529 Hamburg, Germany
Managing Director / Publishing direction: Harald Hof
Print: Books on Demand GmbH, In de Tarpen 42, 22848 Norderstedt, Germany

школа

בית ספר

классная комната
כיתה
делить
חילק
186/2
доска
לוח
школьный двор
учитель
מורה
бумага
נייר
писать
כתב
ручка
עט
письменный стол
שולחן עבודה
линейка
סרגל
книга
ספר
ученик
תלמיד

ранец

ילקוט

пенал

קלמר

карандаш

עיפרון

точилка

מחדד

ластик

גומי מחיקה

альбом для рисования

חוברת סרטוט

2

рисунок

סרטוט

кисточка

מברשת

коробка красок

קופסת צבעים

ножницы

מספריים

клей

דבק

тетрадь

ספר תרגול

домашняя работа

שיעור בית

цифра

מספר

прибавлять

חיבר

вычитать

חיסר

умножать

הכפיל

считать

חישב

буква

אות

алфавит

אלפבית

слово

מילה

текст

טקסט

читать

קרא

мел

גיר

урок

שיעור

классный журнал

יומן נוכחות

экзамен

מבחן

диплом

תעודה

школьная форма

תלבושת בית ספר

образование

חינוך

энциклопедия

אנציקלופדיה

университет

אוניברסיטה

микроскоп

מיקרוסקופ

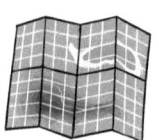

карта

מפה

корзина для бумаг

סל נייר

путешествие

נסיעה

гостиница
מלון
Grand
турбаза
הוסטל
ROOMS
пункт обмена валюты
המרת מטבע
EXCHANGE
чемодан
מזוודה
автомобиль
אוטו

язык

שפה

да / нет

כן / לא

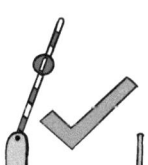

хорошо

בסדר

Привет

שלום

переводчик

מתרגם

Спасибо

תודה

Сколько стоит...?

כמה עולה.....?

Я не понимаю

אני לא מבין

проблема

בעיה

Добрый вечер!

ערב טוב!

Доброе утро!

בוקר טוב!

Доброй ночи!

לילה טוב!

До свидания

להתראות

направление

כיוון

багаж

כבודה

сумка

תיק

рюкзак

תרמיל גב

гость

אורח

комната

חדר

спальный мешок

שק שינה

палатка

אוהל

туристическая
информация

מרכז מידע לתיירים

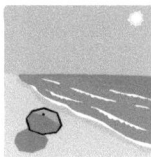

пляж

חוף ים

кредитная карточка

כרטיס אשראי

завтрак

ארוחת בוקר

обед

ארוחת צהריים

ужин

ארוחת ערב

билет

כרטיס

лифт

מעלית

почтовая марка

בול

граница

גבול

таможня

מכס

посольство

שגרירות

виза

אשרה

паспорт

דרכון

транспорт

תחבורה

самолёт
מטוס
корабль
אונייה
пожарный автомобиль
כבאית
автобус
אוטובוס
грузовик
משאית
моторная лодка
סירת מנוע
велосипед
אופניים
автомобиль
אוטו

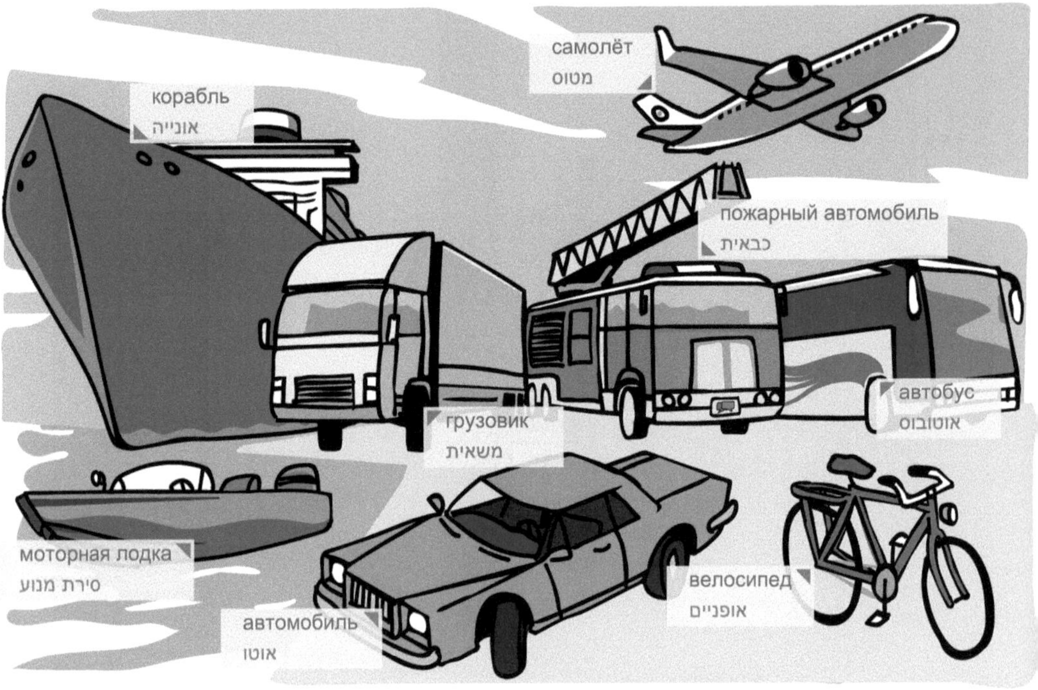

паром

מעבורת

лодка

סירה

мотоцикл

אופנוע

полицейский автомобиль

ניידת משטרה

гоночный автомобиль

מכונית מרוץ

арендованный автомобиль

רכב שכור

совместное пользование
автомобилями

מכוניות בשיתוף

буксировочный
автомобиль
אוטו גרר

мусоровоз

משאית זבל

двигатель

מנוע

топливо

דלק

заправка

תחנת דלק

дорожный знак

תמרור

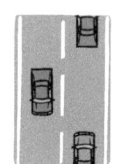

движение

תנועה

пробка

פקק תנועה

автостоянка

חניה

вокзал

תחנת רכבת

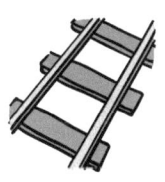

рельсы

פסי רכבת

поезд

רכבת

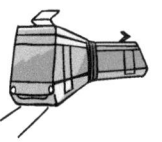

трамвай

רכבת קלה

вагон

קרון

вертолёт

מסוק

аэропорт

שדה-תעופה

вышка

מגדל

пассажир

נוסע

контейнер

קונטיינר

коробка

קרטון

тележка

עגלה

корзина

סל

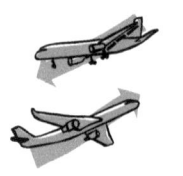

взлетать / приземляться

המראה / נחיתה

город

עיר

деревня

כפר

центр города

מרכז העיר

дом

בית

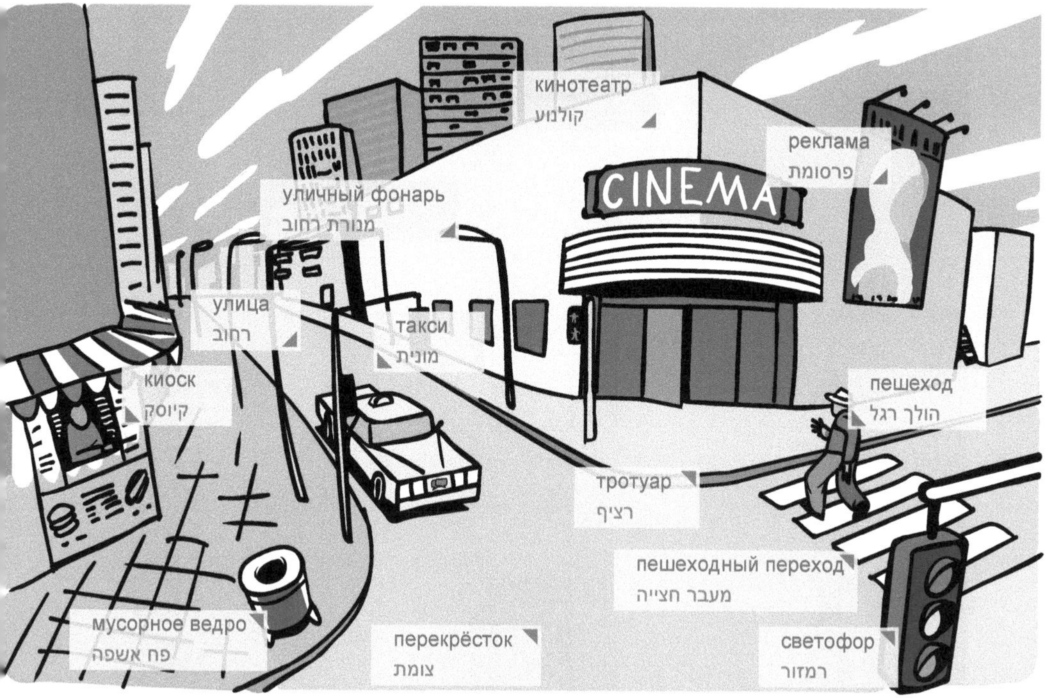

кинотеатр
קולנוע

реклама
פרסומת

уличный фонарь
מנורת רחוב

CINEMA

улица
רחוב

такси
מונית

пешеход
הולך רגל

киоск
קיוסק

тротуар
רציף

пешеходный переход
מעבר חצייה

мусорное ведро
פח אשפה

перекрёсток
צומת

светофор
רמזור

хижина
בקתה

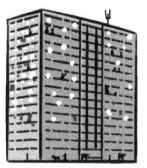

квартира
דירה

вокзал
תחנת רכבת

ратуша
עירייה

музей
מוזיאון

школа
בית ספר

университет

אוניברסיטה

банк

בנק

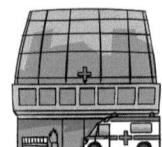

больница

בית חולים

гостиница

מלון

аптека

בית מרקחת

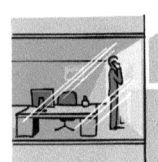

офис

משרד

книжный магазин

חנות ספרים

магазин

חנות

цветочный магазин

חנות פרחים

супермаркет

סופרמרקט

рынок

שוק

универмаг

כל-בו

торговец рыбой

מוכר דגים

торговый центр

קניון

порт

נמל

парк

פארק

скамейка

ספסל

мост

גשר

лестница

מדרגות

метро

רכבת תחתית

тоннель

מנהרה

автобусная остановка

תחנת אוטובוס

бар

בר

ресторан

מסעדה

почтовый ящик

תא דואר

табличка с названием
улицы

שלט רחוב

паркометр

מדחן

зоопарк

גן חיות

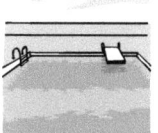

бассейн

בריכת שחיה

мечеть

מסגד

ферма

חווה

загрязнение окружающей среды

זיהום

кладбище

בית עלמין

церковь

כנסייה

детская площадка

מגרש משחקים

храм

בית מקדש

ландшафт

נוף

лист
עלה

дорожный указатель
תמרור

дорога
דרך

луг
מרעה

камень
אבן

дерево
עץ

путешественник
מטייל

река
נהר

трава
דשא

цветок
פרח

долина

בקעה

гора

הר

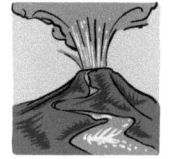

озеро

אגם

лес

יער

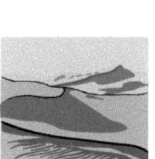

пустыня

מדבר

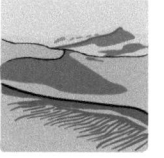

вулкан

הר געש

замок

טירה

радуга

קשת בענן

гриб

פטריה

пальма

דקל

комар

יתוש

муха

זבוב

муравей

נמלה

пчела

דבורה

паук

עכביש

жук

חיפושית

лягушка

צפרדע

белка

סנאי

еж

קיפוד

заяц

ארנב

сова

ינשוף

птица

ציפור

лебедь

ברבור

кабан

חזיר בר

олень

צבי

лось

אייל הקורא

плотина

סכר

ветряной генератор

טורבינת רוח

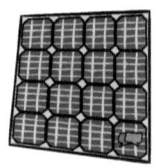

солнечная батарея

פנל סולארי

климат

אקלים

ресторан

מסעדה

официант
מלצר
меню
תפריט
стул
כסא
суп
מרק
пицца
פיצה
столовые приборы
סכו"ם
скатерть
מפת שולחן

закуска

מנת פתיחה

главное блюдо

מנה עיקרית

десерт

קינוח

напитки

שתיות

еда

אוכל

бутылка

בקבוק

фастфуд

מזון מהיר

уличная еда

אוכל רחוב

чайник

קנקן תה

сахарница

מסכרת

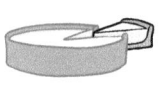

порция

מנה

кофеварка

מכונת אספרסו

детский стульчик

כסא תינוק

счет

חשבון

поднос

מגש

нож

סכין

вилка

מזלג

ложка

כף

чайная ложка

כפית

салфетка

מפית

стакан

כוס

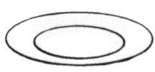

тарелка

צלחת

суповая тарелка

קערת מרק

блюдце

תחתית

соус

רוטב

солонка

מלחייה

мельница для перца

מטחנת פלפל

уксус

חומץ

масло

שמן

специи

תבלינים

кетчуп

קטשופ

горчица

חרדל

майонез

מיונז

супермаркет

סופרמרקט

специальное предложение
מבצע
FOR
покупатель
לקוח
молочные продукты
מוצרי חלב
фрукты
פירות
тележка для покупок
עגלת קניות

мясной магазин

אטליז

пекарня

מאפייה

взвешивать

שקל

овощи

ירקות

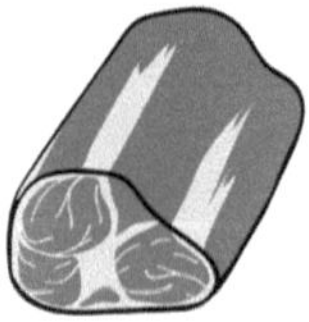

мясо

בשר

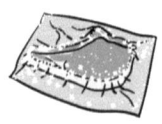

быстрозамороженные продукты

מזון קפוא

нарезка

בשר קר

консервы

שימורים

стиральный порошок

אבקת כביסה

сладости

ממתקים

предмет домашнего обихода

מוצרי בית

моющее средство

חומר ניקוי

продавщица

מוכרת

касса

קופה

кассир

קופאי

список покупок

רשימת קניות

время работы

שעות פתיחה

бумажник

ארנק

кредитная карточка

כרטיס אשראי

сумка

תיק

полиэтиленовый пакет

שקית ניילון

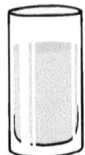

напитки
שתיות

вода

מים

сок

מיץ

молоко

חלב

кока-кола

קולה

вино

יין

пиво

בירה

алкоголь

אלכוהול

какао

קקאו

чай

תה

кофе

קפה

эспрессо

אספרסו

капучино

קפוצ'ינו

еда
אוכל

банан

בננה

яблоко

תפוח

апельсин

תפוז

арбуз

אבטיח

лимон

לימון

морковь

גזר

чеснок

שום

бамбук

במבוק

лук

בצל

гриб

פטריות

орехи

אגוזים

лапша

אטריות

спагетти

....

ספגטי

рис

....

אורז

салат

....

סלט

картофель фри

....

צ'יפס

жареный картофель

....

צ'יפס

пицца

....

פיצה

гамбургер

....

המבורגר

сэндвич

....

כריך

шницель

....

שניצל

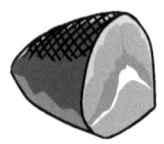

ветчина

....

שינקין

салями

....

סלאמי

колбаса

....

נקניקיה

курица

....

עוף

жаркое

....

טיגון

рыба

....

דג

овсяные хлопья

שיבולת שועל

мюсли

מוזלי

кукурузные хлопья

קורנפלקס

мука

קמח

круассан

קרואסון

булочка

לחמנייה

хлеб

לחם

тост

טוסט

печенье

עוגיות

масло

חמאה

творог

גבינה לבנה

пирог

עוגה

яйцо

ביצה

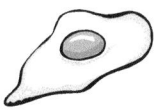

яичница

ביצת עין

сыр

גבינה

мороженое

גלידה

сахар

סוכר

мёд

דבש

мармелад

ריבה

крем с нугой

ממרח נוגט

карри

קארי

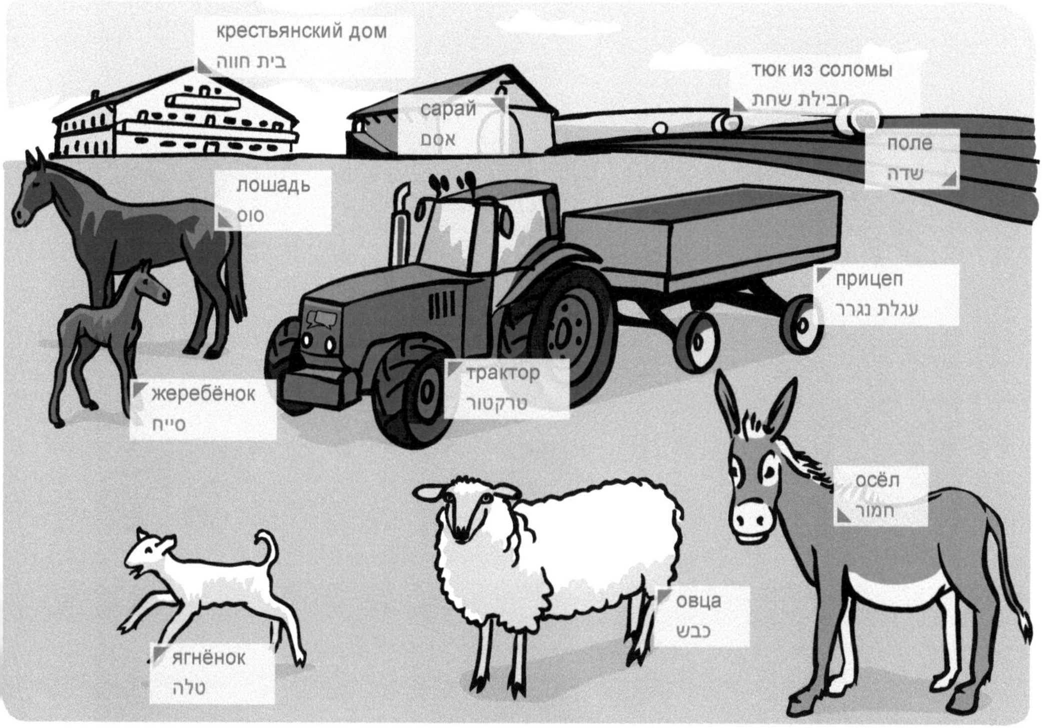

крестьянский дом
בית חווה

сарай
אסם

тюк из соломы
חבילת שחת

поле
שדה

лошадь
סוס

прицеп
עגלת נגרר

жеребёнок
סייח

трактор
טרקטור

осёл
חמור

ягнёнок
טלה

овца
כבש

коза	корова	телёнок
עז	פרה	עגל

свинья	поросёнок	бык
חזיר	חזרזיר	שור

гусь

אווז

утка

ברווז

цыплёнок

אפרוח

курица

תרנגולת

петух

תרנגול

крыса

חולדה

кошка

חתול

мышь

עכבר

вол

שור

собака

כלב

конура

מלונה

садовый шланг

צינור השקיה

лейка

קנקן מים

коса

חרמש

плуг

מחרשה

серп

מגל

мотыга

מגרפה

навозные вилы

קלשון

топор

גרזן

тачка

מריצה

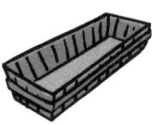

корыто

שוקת

бидон для молока

כד חלב

мешок

שק

забор

גדר

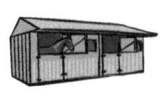

хлев

אורווה

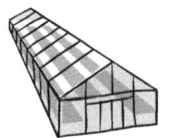

теплица

חממה

почва

אדמה

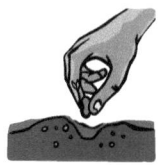

посев

זרע

удобрение

דשן

комбайн

מקצרה

собирать урожай

קצר

урожай

קציר

ямс

בטטה אפריקנית

пшеница

חיטה

соя

סויה

картофель

תפוח אדמה

кукуруза

תירס

рапс

קנולה

фруктовое дерево

עץ פירות

маниок

קסבה

злаки

דגנים

дом

בית

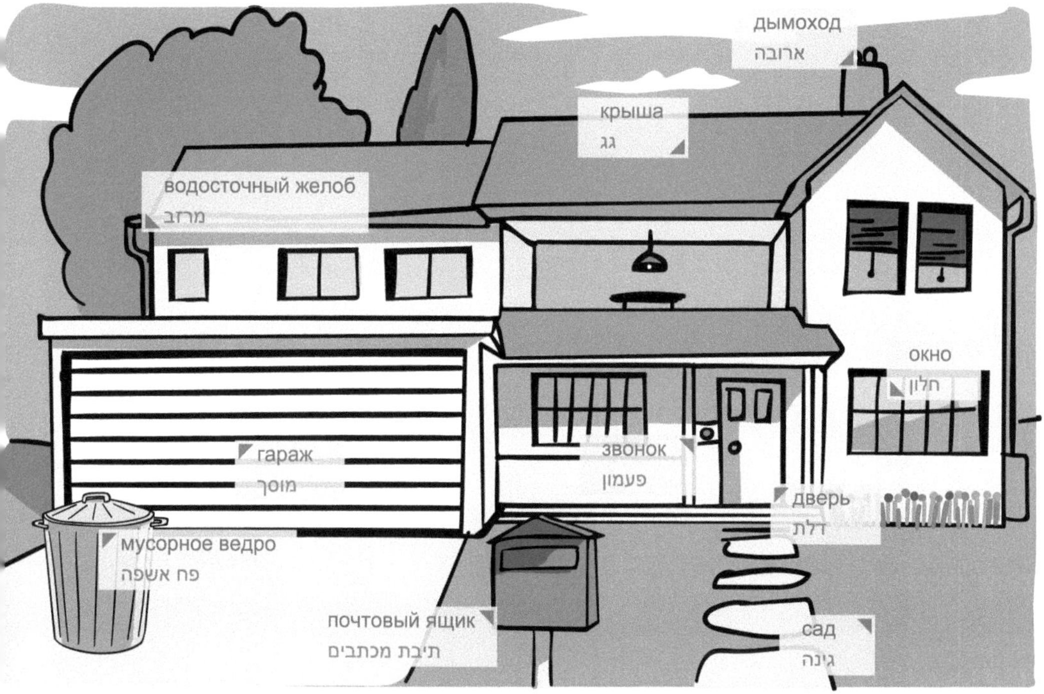

дымоход
ארובה
крыша
גג
водосточный желоб
מרזב
окно
חלון
звонок
פעמון
гараж
מוסך
дверь
דלת
мусорное ведро
פח אשפה
почтовый ящик
תיבת מכתבים
сад
גינה

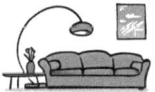

гостиная

סלון

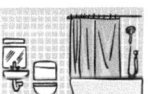

ванная комната

חדר אמבטיה

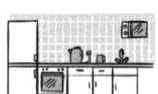

кухня

מטבח

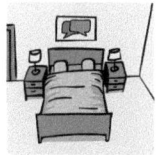

спальня

חדר שינה

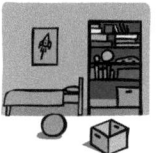

детская комната

חדר ילדים

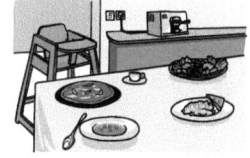

столовая

חדר אוכל

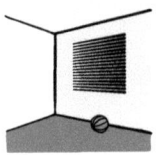

пол

רצפה

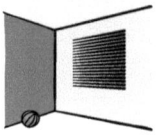

стена

קיר

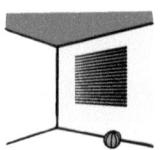

потолок

תקרה

подвал

מרתף

сауна

סאונה

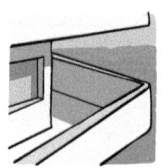

балкон

מרפסת

терраса

מרפסת

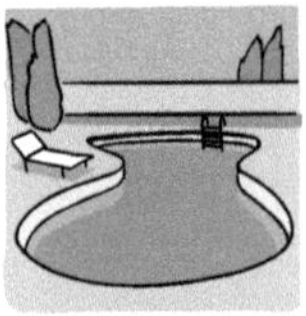

бассейн

בריכה

газонокосилка

מכסחת דשא

пододеяльник

סדין

покрывало

כיסוי מיטה

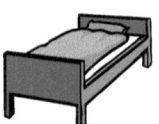

кровать

מיטה

метла

מטאטא

ведро

דלי

выключатель

מפסק

гостиная

סלון

обои
טפט
рисунок
תמונה
лампа
מנורה
полка
מדף
шкаф
ארון
телевизор
טלוויזיה
камин
אח
цветок
פרח
подушка
כרית
диван
ספה
ваза
אגרטל
пульт дистанционного управления
שלט רחוק

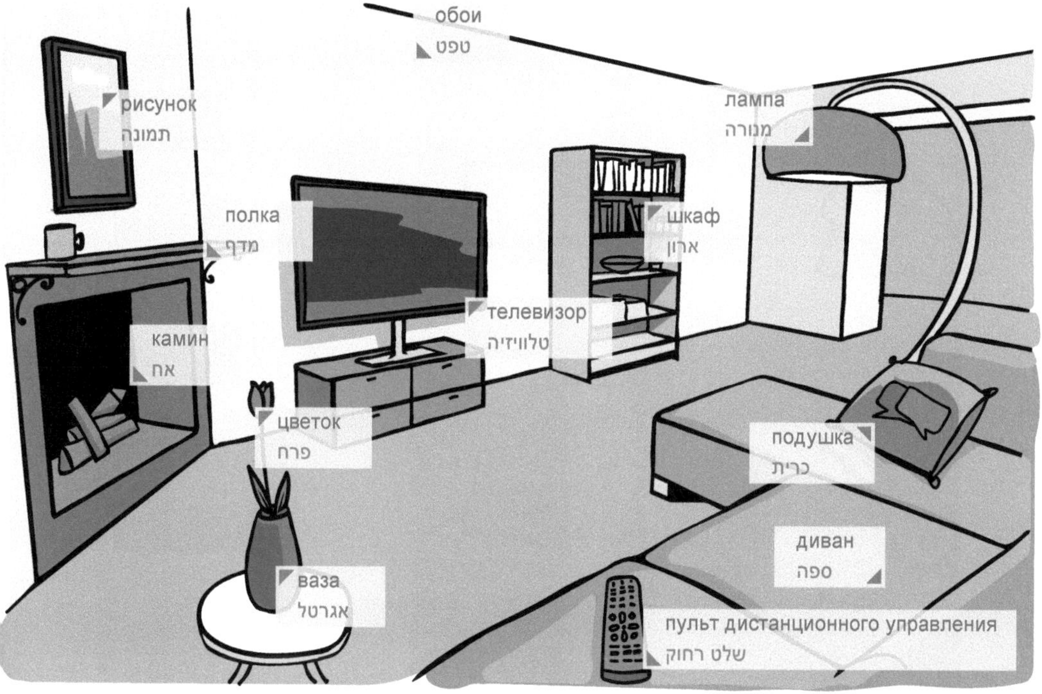

ковёр

שטיח

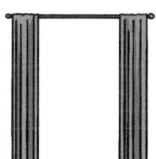

штора

וילון

стол

שולחן

стул

כסא

кресло-качалка

כיסא נדנדה

кресло

כורסה

книга

ספר

покрывало

שמיכה

украшение

דקורציה

дрова

עצי הסקה

фильм

סרט

стереосистема

מערכת סטריאו

ключ

מפתח

газета

עיתון

картина

ציור

плакат

פוסטר

радио

רדיו

блокнот

מחברת

пылесос

שואב אבק

кактус

קקטוס

свеча

נר

кухня
מטבח

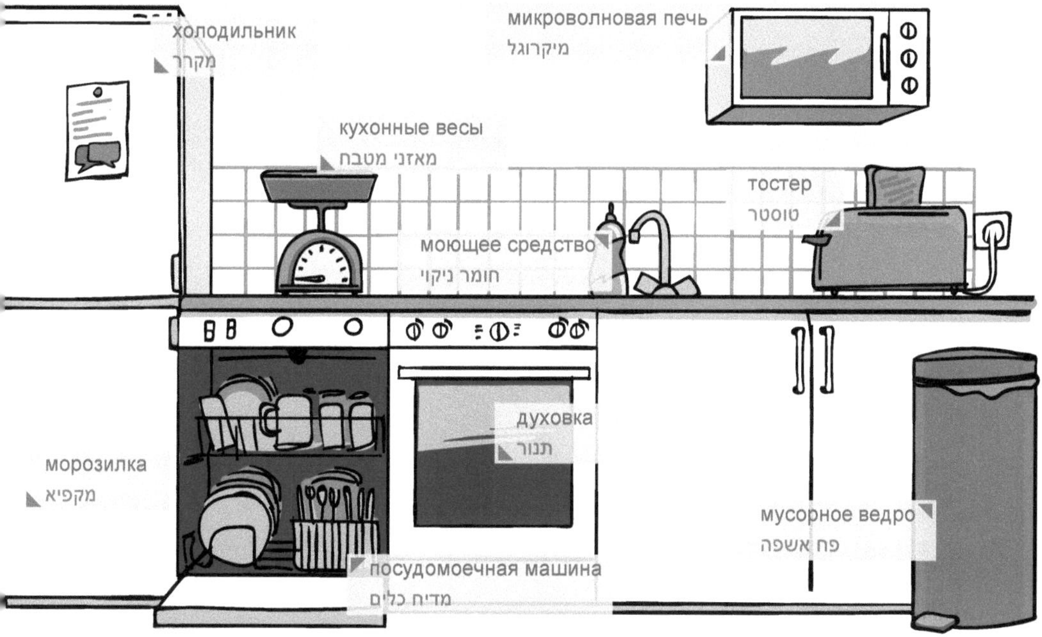
холодильник
מקרר
микроволновая печь
מיקרוגל
кухонные весы
מאזני מטבח
тостер
טוסטר
моющее средство
חומר ניקוי
духовка
תנור
морозилка
מקפיא
мусорное ведро
פח אשפה
посудомоечная машина
מדיח כלים

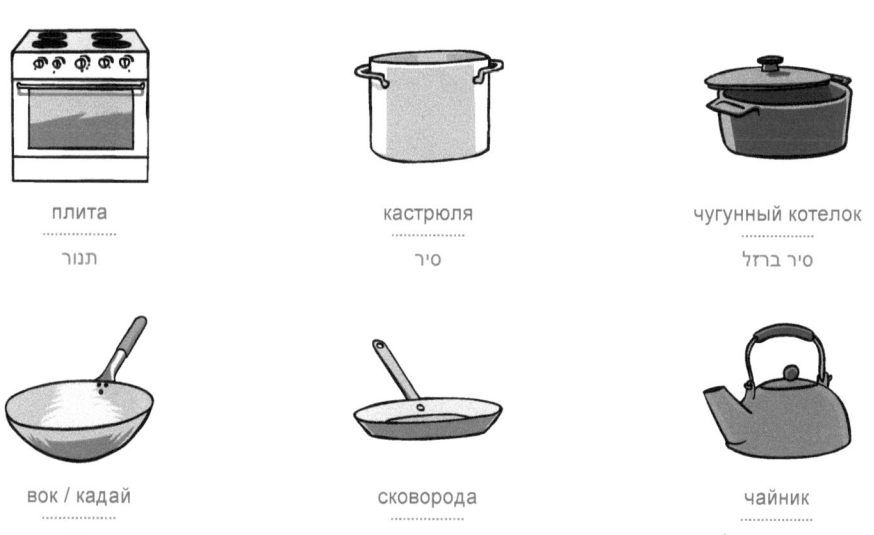

плита
תנור

кастрюля
סיר

чугунный котелок
סיר ברזל

вок / кадай
ווק

сковорода
מחבת

чайник
קומקום חשמלי

пароварка

מאדה

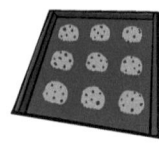

противень

מגש אפייה

посуда

כלי אוכל

кружка

ספל

миска

קערה

палочки для еды

צ'ופסטיקס

половник

מצקת

лопатка

מרית

сбивалка

מטרפה

сито

מסננת בישול

сито

מסננת

тёрка

מגרדת

ступка

מכתש

гриль

גריל

костёр

מדורה

доска

קרש חיתוך

скалка

מערוך

штопор

פותחן פקקים

жестяная банка

פחית

консервный нож

פותחן קופסאות

прихватка

מטלית

раковина

כיור

щетка

מברשת

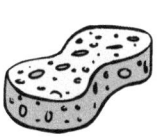

губка

ספוג

миксер

בלנדר

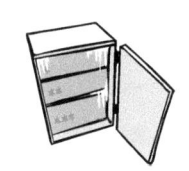

морозильная камера

מקפיא

бутылочка для кормления

בקבוק לתינוק

кран

ברז

ванная комната

חדר אמבטיה

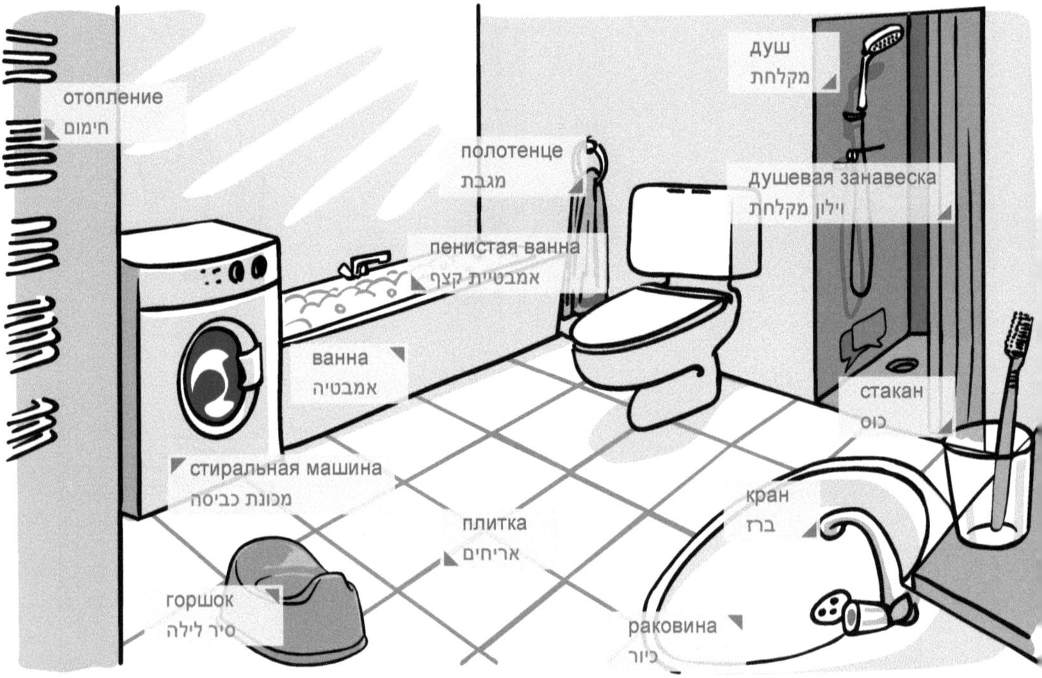

отопление
חימום
полотенце
מגבת
пенистая ванна
אמבטיית קצף
ванна
אמבטיה
стиральная машина
מכונת כביסה
плитка
אריחים
горшок
סיר לילה
душ
מקלחת
душевая занавеска
וילון מקלחת
стакан
כוס
кран
ברז
раковина
כיור

туалет

אסלה

напольный унитаз

אסלת כריעה

биде

בידה

писсуар

משתנה

туалетная бумага

נייר טואלט

ершик

מברשת אסלה

зубная щетка

מברשת שיניים

зубная паста

משחת שיניים

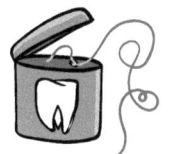

зубная нить

חוט דנטלי

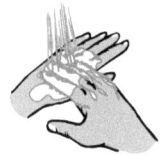

мыть

שטף

ручной душ

מקלחת יד

интимный душ

צינור שטיפה לשירותים

таз

קערת רחצה

щетка для спины

מברשת גב

мыло

סבון

гель для душа

ג'ל רחצה

шампунь

שמפו

мочалка

ליפה

сток

ניקוז

крем

קרם

дезодорант

דיאודורנט

зеркало

מראה

ручное зеркало

מראת יד

бритва

סכין גילוח

пена для бритья

קצף גילוח

лосьон после бритья

אפטרשייב

расческа

מסרק

щетка

מברשת

фен

מייבש שיער

лак для волос

ספריי לשיער

косметика

איפור

губная помада

שפתון

лак для ногтей

לק

вата

צמר גפן

маникюрные ножницы

מספריים לציפורניים

духи

בושם

косметичка

תיק כלי רחצה

табуретка

שרפרף

весы

משקל

халат

חלוק רחצה

резиновые перчатки

כפפות גומי

тампон

טמפון

гигиеническая прокладка

תחבושת סניטרית

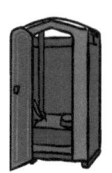

биотуалет

שירותים כימיקליים

детская комната

חדר ילדים

будильник
שעון מעורר
мягкая игрушка
צעצוע חיבוק
игрушечный автомобиль
מכונית צעצוע
погремушка
רעשן
кукольный домик
בית בובות
подарок
מתנה

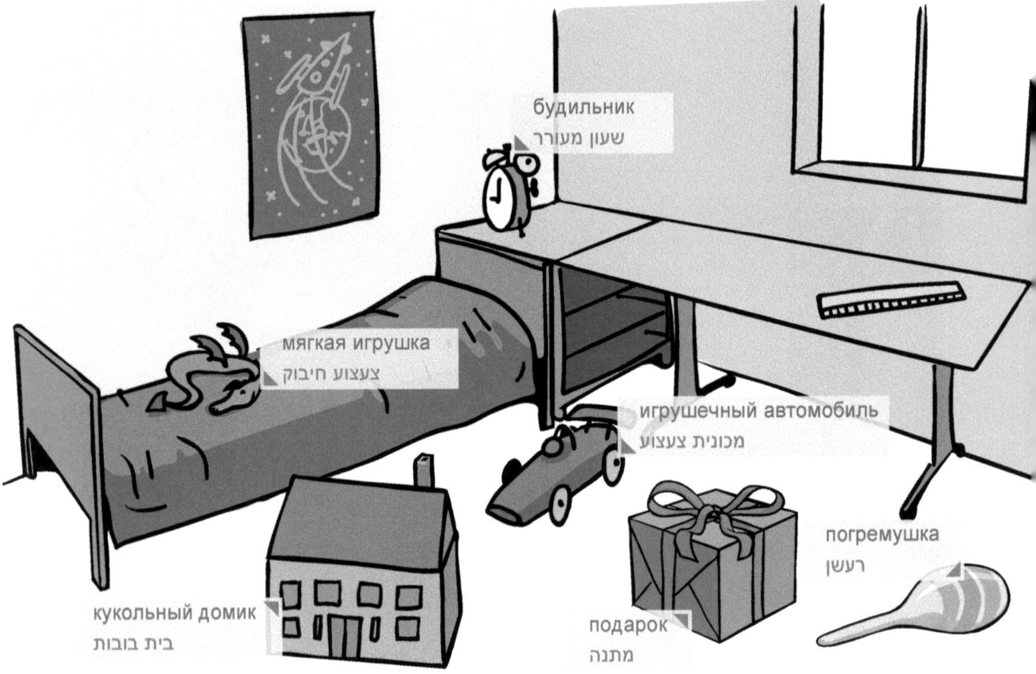

воздушный шар

בלון

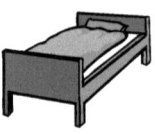

кровать

מיטה

детская коляска

עגלה

карточная игра

משחק קלפים

пазл

פאזל

комикс

קומיקס

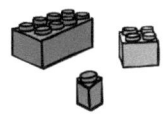

кирпичики Лего

לגו

кубики

קוביות משחק

игрушечная фигурка

דמות משחק

ползунки

סרבל תינוקות

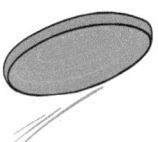

фрисби

פריזבי

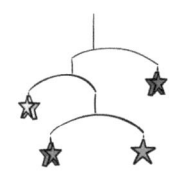

мобиле

נייד

настольная игра

משחק לוח

кубик

קוביה

модель железной дороги

רכבת צעצוע

соска

מוצץ

вечеринка

מסיבה

книга с картинками

אלבום תמונות

мяч

כדור

кукла

בובה

играть

שיחק

песочница

ארגז חול

качели

נדנדה

игрушка

צעצועים

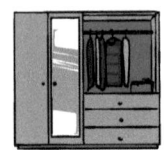

игровая приставка

קונסולת משחקים

трёхколесный велосипед

אופניים תלת גלגלי

плюшевый медвежонок

דובון

шкаф для одежды

ארון בגדים

одежда

בגדים

носки

גרביים

чулки

גרביונים

колготки

גרביון

шарф
צעיף

зонтик
מטריה

футболка
חולצת טי

ремень
חגורה

кроссовки
נעלי ספורט

сапоги
מגפיים

тапки
נעלי בית

сандалии

....

סנדלים

ботинки

....

נעליים

резиновые сапоги

....

מגפי גומי

трусы

....

תחתונים

бюстгальтер

....

חזייה

майка

....

וסט

боди

גוף

брюки

מכנסיים

джинсы

ג'ינס

юбка

חצאית

блузка

חולצה מכופתרת

рубашка

חולצה

свитер

אפודה

свитер

סווצ'ר עם קפוצ'ון

спортивная куртка

בלייזר

жакет

ז'קט

пальто

מעיל

плащ

מעיל גשם

костюм

תלבושת

платье

שמלה

свадебное платье

שמלת כלה

мужской костюм

חליפה

ночная сорочка

כותונת לילה

пижама

פיג'מה

сари

סארי

платок

מטפחת ראש

тюрбан

טורבן

паранджа

בורקה

кафтан

קאפטן

абайя

עבאיה

купальник

בגד ים

плавки

בגד ים

шорты

מכנסיים קצרים

спортивный костюм

בגד אימון

фартук

סינר

перчатки

כפפות

пуговица

כפתור

очки

משקפיים

браслет

צמיד יד

цепочка

שרשרת

кольцо

טבעת

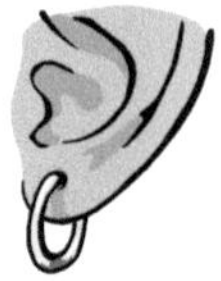

серьга

עגיל

шапка

כובע

вешалка

קולב

шляпа

כובע

галстук

עניבה

застежка молния

רוכסן

шлем

קסדה

подтяжки

כתפיות

школьная форма

תלבושת בית ספר

форма

מדים

детский нагрудник

מפית אוכל

соска

מוצץ

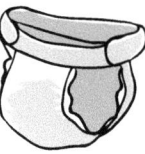

подгузник

חיתול

офис

משרד

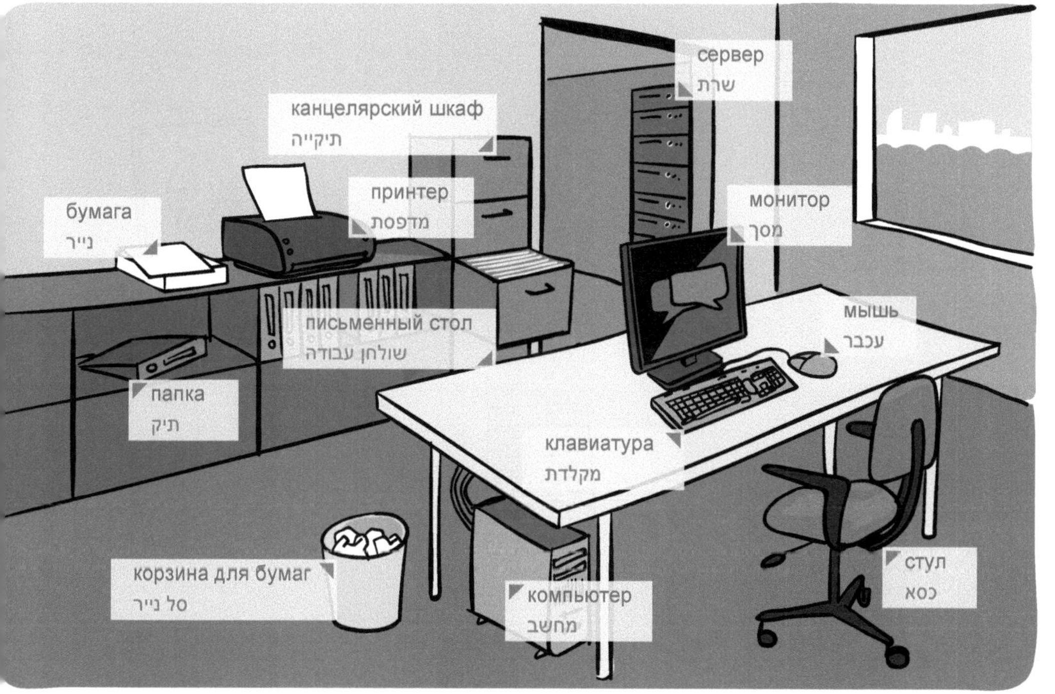

сервер

שרת

канцелярский шкаф

תיקייה

монитор

מסך

принтер

מדפסת

бумага

נייר

мышь

עכבר

письменный стол

שולחן עבודה

папка

תיק

клавиатура

מקלדת

корзина для бумаг

סל נייר

компьютер

מחשב

стул

כסא

кофейная кружка

ספל קפה

калькулятор

מחשבון

интернет

אינטרנט

офис - משרד

ноутбук

מחשב נייד

письмо

מכתב

сообщение

הודעה

мобильный телефон

נייד

сеть

רשת

ксерокс

מכונת צילום

программа

תוכנה

телефон

טלפון

розетка

שקע

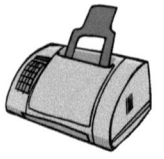

факс

פקס

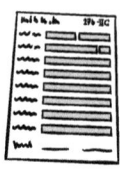

формуляр

טופס

документ

מסמך

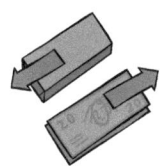

покупать

קנה

платить

שילם

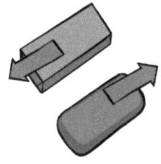

торговать

סחר

деньги

כסף

доллар

דולר

евро

יורו

иена

ין

рубль

רובל

франк

פרנק שווייצרי

жэньминьби юань

יואן רנמינבי

рупия

רופי

банкомат

כספומט

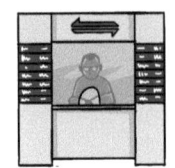

пункт обмена валюты

המרת מטבע

золото

זהב

серебро

כסף

нефть

נפט

энергия

אנרגיה

цена

מחיר

договор

חוזה

налог

מס

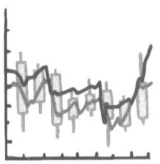

акция

מנייה

работать

עבד

служащий

עובד

работодатель

מעסיק

фабрика

מפעל

магазин

חנות

профессии

מקצועות

пожарный
כבאי
милиционер
שוטר
повар
טבח
врач
רופא
пилот
טייס

садовник

גנן

столяр

נגר

швея

תופרת

судья

שופט

химик

כימאי

актёр

שחקן

водитель автобуса

נהג אוטובוס

таксист

נהג מונית

рыбак

דייג

уборщица

עובדת נקיון

кровельщик

מתקן גגות

официант

מלצר

охотник

צייד

художник

צייר

пекарь

אופה

электрик

חשמלאי

строитель

עובד בניין

инженер

מהנדס

мясник

קצב

сантехник

אינסטלטור

почтальон

דוור

солдат

חייל

архитектор

אדריכל

кассир

קופאי

флорист

מוכר פרחים

парикмахер

ספר

кондуктор

כרטיסן

механик

מכונאי

капитан

קברניט

зубной врач

רופא שיניים

ученый

מדען

раввин

רב

имам

אימאם

монах

נזיר

священник

כומר

инструменты
כלי עבודה

молоток
פטיש
плоскогубцы
צבת
отвёртка
מברג
карманный фона
פנס
гаечный ключ
מפתח ברגים

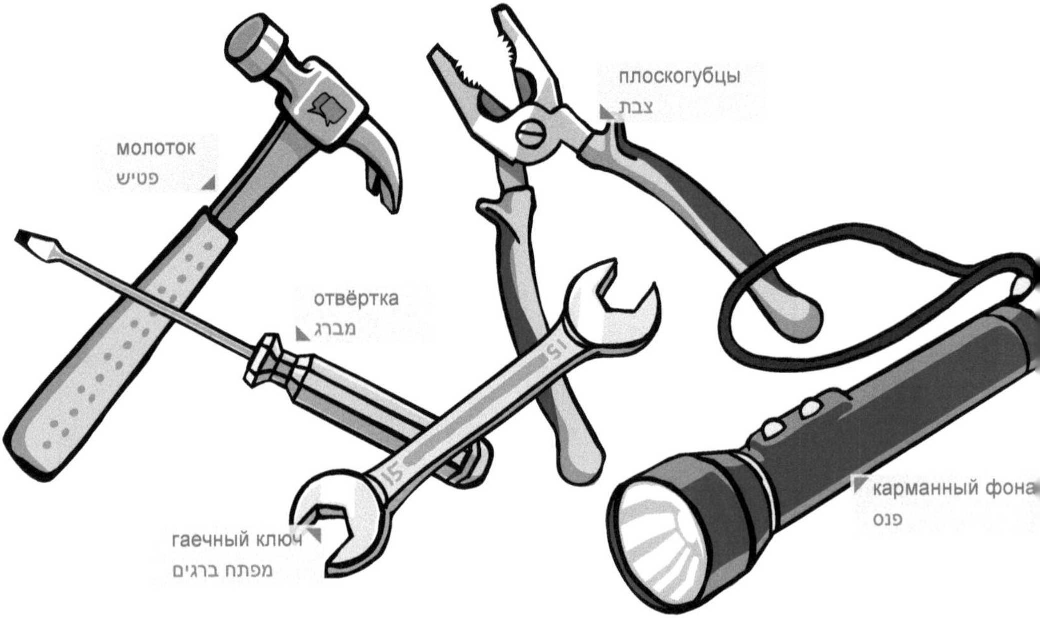

экскаватор

דחפור

ящик для инструментов

ארגז כלים

стремянка

סולם

пила

מסור

гвозди

מסמרים

дрель

מקדחה

ремонтировать

תיקן

лопата

את חפירה

Блин!

לעזאזל!

совок

יעה

ведро с краской

פח צבע

винты

ברגים

музыкальные инструменты

כלי נגינה

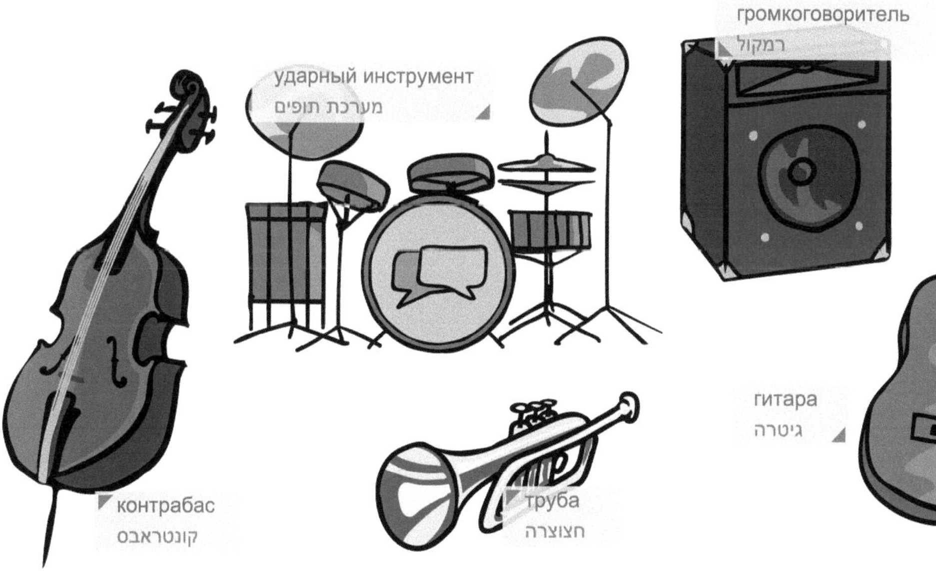

громкоговоритель
רמקול
ударный инструмент
מערכת תופים
гитара
גיטרה
контрабас
קונטראבס
труба
חצוצרה

пианино

פסנתר

скрипка

כינור

бас-гитара

בס

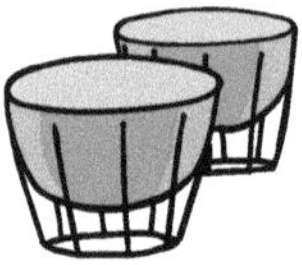

литавры

תוף הדוד

барабан

תופים

синтезатор

מקלדת פסנתר

саксофон

סקסופון

флейта

חליל

микрофон

מיקרופון

зоопарк

גן חיות

тигр
נמר
вход
כניסה
клетка
כלוב
зебра
זברה
корм
מזון לחיות
панда
פנדה

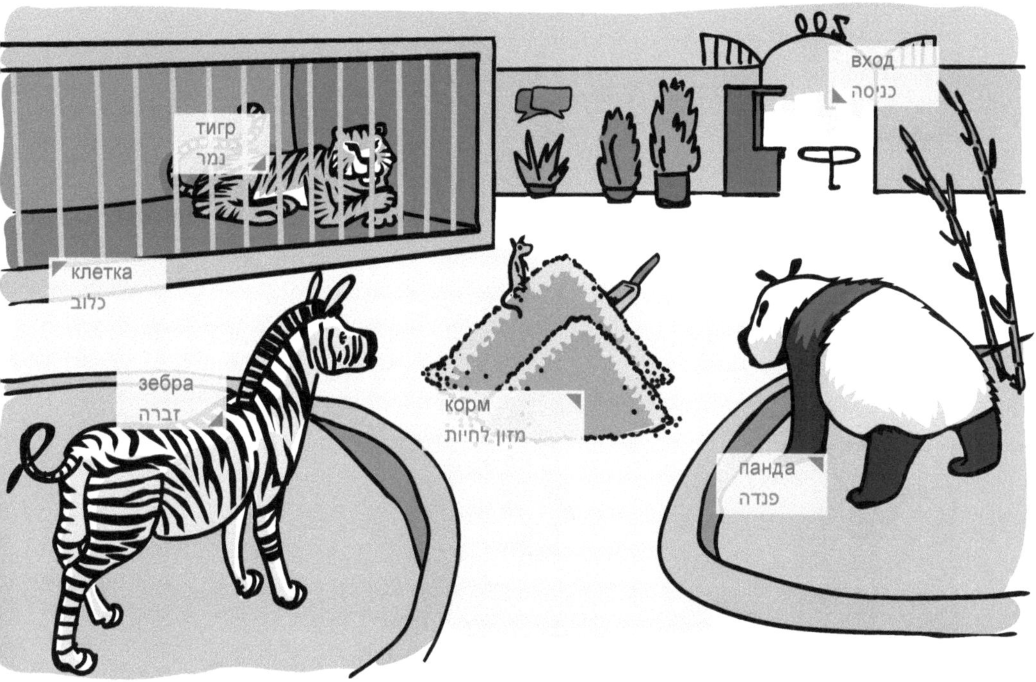

животные

בעלי חיים

слон

פיל

кенгуру

קנגרו

носорог

קרנף

горилла

גורילה

медведь

דוב

верблюд

גמל

страус

יען

лев

אריה

обезьяна

קוף

фламинго

פלמינגו

попугай

תוכי

белый медведь

דוב הקרח

пингвин

פינגווין

акула

כריש

павлин

טווס

змея

נחש

крокодил

תנין

служитель зоопарка

שומר גן החיות

тюлень

כלב ים

ягуар

יגואר

пони

סוס פוני

леопард

לאופרד

бегемот

היפופוטאם

жираф

ג'ירפה

орёл

נשר

кабан

חזיר בר

рыба

דג

черепаха

צב

морж

סוס ים

лиса

שועל

газель

איילה

спорт

ספורט

американский футбол
פוטבול אמריקאי
езда на велосипеде
רכיבת אופניים
теннис
טניס
баскетбол
כדורסל
плавание
שחיה
бокс
אגרוף
хоккей
הוקי

футбол

כדורגל

бадминтон

בדמינטון

лёгкая атлетика

אתלטיקה

гандбол

כדור-יד

лыжный спорт

עשה סקי

поло

פולו

действия

פעילויות

прыгать
קפץ
обнимать
חיבק
смеяться
צחק
идти
הלך
петь
שר
мечтать
חלם
молиться
התפלל
целовать
נשק

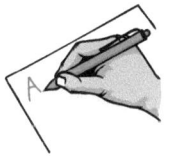

писать

כתב

рисовать

צייר

показывать

הראה

нажимать

דחף

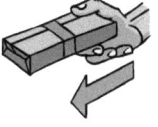

давать

נתן

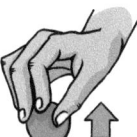

брать

לקח

иметь

יש / להיות הבעלים

делать

עשה

быть

היה

стоять

עמד

бежать

רץ

тянуть

משך

бросать

זרק

падать

נפל

лежать

שכב

ждать

חיכה

носить

סחב

сидеть

ישב

надевать

התלבש

спать

ישן

просыпаться

התעורר

рассматривать

הסתכל ב-

плакать

בכה

гладить

ליטף

причесывать

סירק

говорить

דיבר

понимать

הבין

спрашивать

שאל

слушать

שמע

пить

שתה

кушать

אכל

наводить порядок

סידר

любить

אהב

готовить

בישל

ехать

נהג

летать

עף

ходить под парусом

שט

считать

חישב

читать

קרא

учиться

למד

работать

עבד

вступать в брак

התחתן

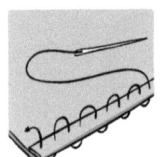

шить

תפר

чистить зубы

ציחצח שיניים

убивать

הרג

курить

עישן

отправлять

שלח

семья

משפחה

бабушка
סבתא
дедушка
סבא
папа
אבא
мама
אימא
младенец
תינוק
дочь
בת
сын
בן

гость

אורח

тетя

דודה

дядя

דוד

брат

אח

сестра

אחות

тело

גוף

лоб
מצח
глаз
עין
плечо
כתף
палец
אצבע
лицо
פנים
подбородок
סנטר
кисть
כף יד
нога
רגל
грудь
חזה
рука
זרוע

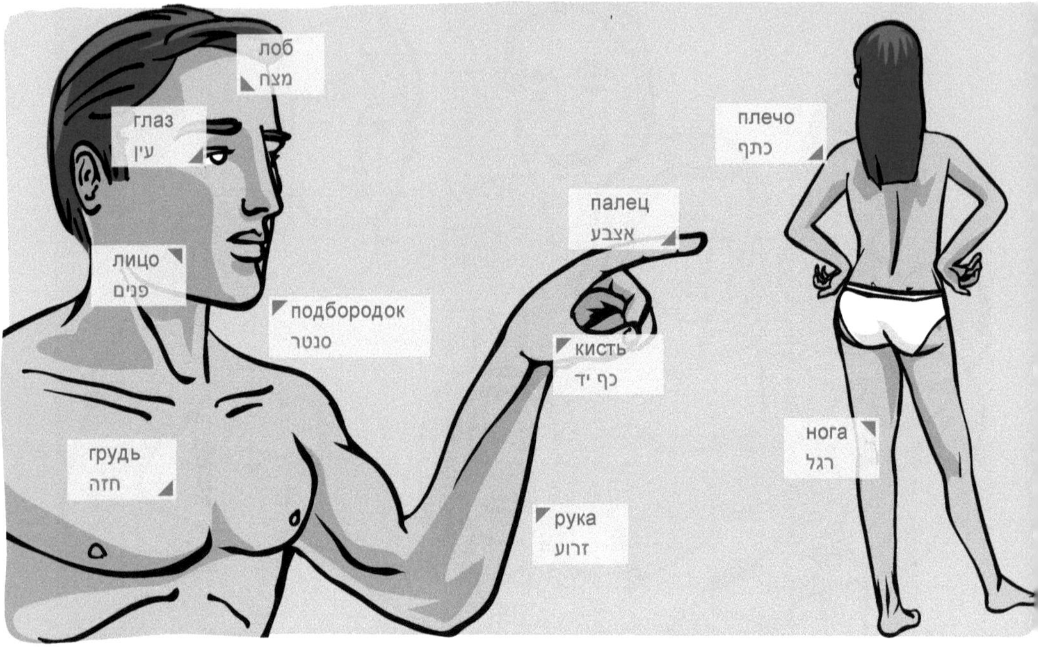

младенец

תינוק

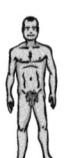

мужчина

איש

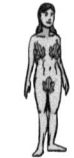

женщина

אישה

девочка

ילדה

мальчик

ילד

голова

ראש

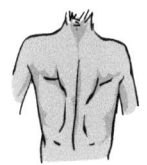

спина

גב

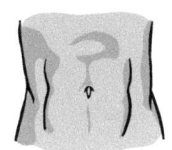

живот

בטן

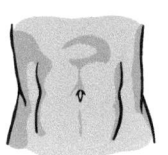

пупок

טבור

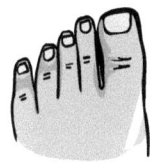

палец ноги

אצבע

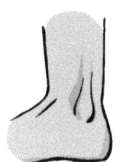

пятка

עקב

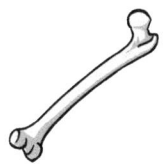

кость

עצם

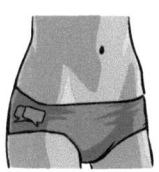

бедро

ירך

колено

ברך

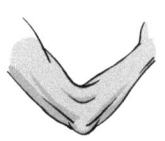

локоть

מרפק

нос

אף

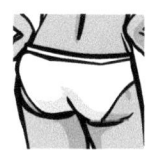

ягодицы

עכוז

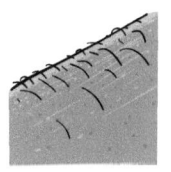

кожа

עור

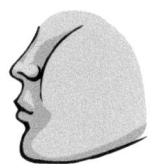

щека

לחי

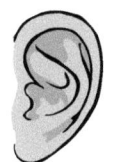

ухо

אוזן

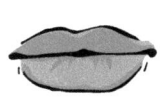

губа

שפתיים

рот

פה

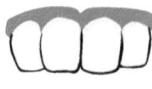

зуб

שן

язык

לשון

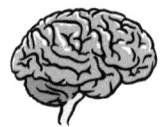

мозг

מוח

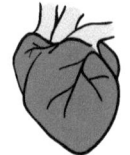

сердце

לב

мышца

שריר

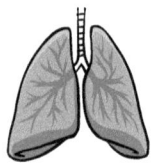

лёгкое

ריאה

печень

כבד

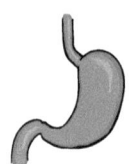

желудок

קיבה

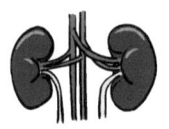

почки

כליות

половой акт

מין

презерватив

קונדום

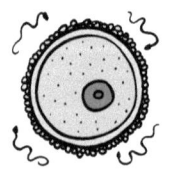

яйцеклетка

ביצית

сперма

זרע

беременность

הריון

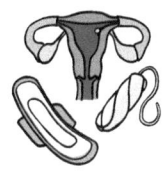

менструация

ווסת

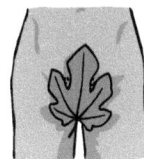

вагина

נרתיק

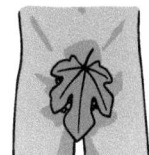

пенис

פין

бровь

גבה

волосы

שיער

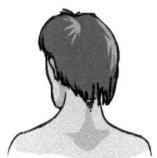

шея

צוואר

больница

בית חולים

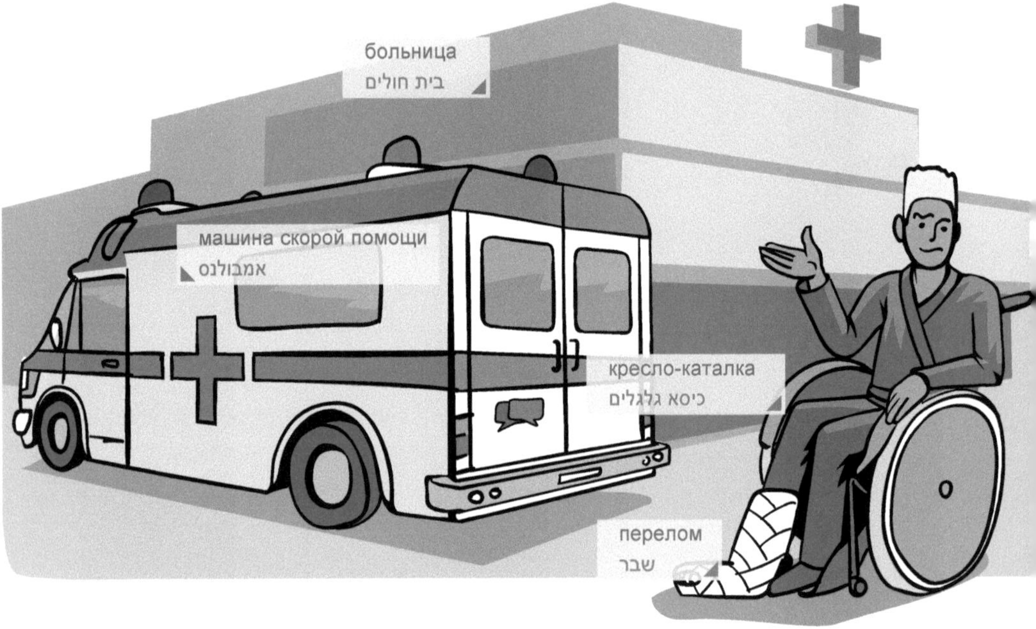

больница
בית חולים
машина скорой помощи
אמבולנס
кресло-каталка
כיסא גלגלים
перелом
שבר

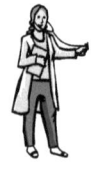

врач

רופא

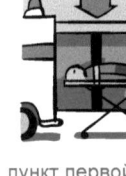

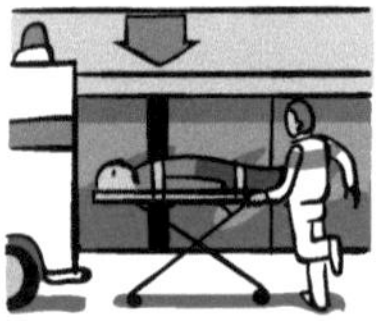

пункт первой помощи

חדר מיון

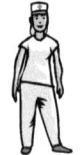

медсестра

אחות

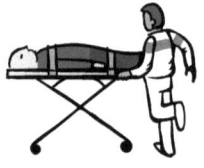

неотложный случай

חירום

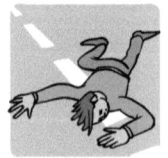

без сознания

חסר הכרה

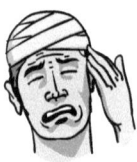

боль

כאב

повреждение

פציעה

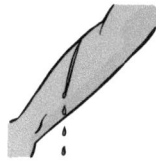

кровотечение

דימום

инфаркт

התקף לב

инсульт

שבץ

аллергия

אלרגיה

кашель

שיעול

повышенная температура

חום

грипп

שפעת

понос

שלשול

головная боль

כאב ראש

рак

סרטן

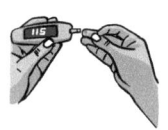

диабет

סוכרת

хирург

מנתח

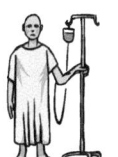

скальпель

אזמל

операция

ניתוח

КТ

סי-טי

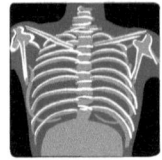

рентген

רנטגן

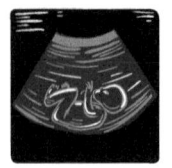

ультразвук

אולטרסאונד

маска

מסיכת פנים

болезнь

מחלה

приёмная

חדר המתנה

костыль

קבה

пластырь

פלסטר

бинт

תחבושת

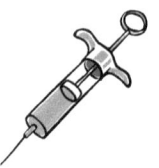

укол

זריקה

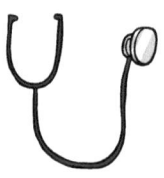

стетоскоп

סטטוסקופ

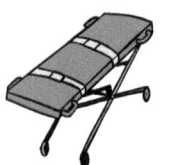

носилки

אלונקה

термометр

מד חום

рождение

לידה

избыточный вес

עודף משקל

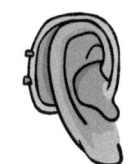

слуховой аппарат

מכשיר שמיעה

дезинфекционное средство

מחטא

инфекция

זיהום

вирус

נגיף

ВИЧ / СПИД

איידס

лекарство

תרופה

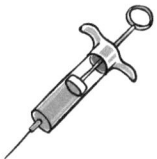

прививка

חיסון

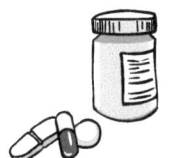

таблетки

טבליות

противозачаточная таблетка

גלולה

экстренный вызов

קריאת חירום

прибор для измерения кровяного давления

מד לחץ דם

больной / здоровый

חולה / בריא

неотложный случай
חירום

Помогите!

הצילו!

сигнал тревоги

אזעקה

нападение

פשיטה

атака

תקיפה

опасность

סכנה

запасной выход

יציאת חירום

Пожар!

אש!

огнетушитель

מטף כיבוי

несчастный случай

תאונה

аптечка

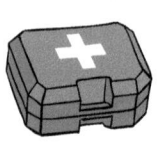

ערכת עזרה ראשונה

SOS

הצילו!

милиция

משטרה

Европа

אירופה

Северная Америка

צפון אמריקה

Южная Америка

דרום אמריקה

Африка

אפריקה

Азия

אסיה

Австралия

אוסטרליה

Атлантический океан

האוקיינוס האטלנטי

Тихий океан

האוקיינוס השקט

Индийский океан

האוקיינוס ההודי

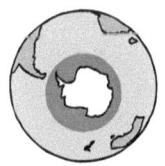

Антарктический океан

האוקיינוס האנטרקטי

Северный Ледовитый
океан

האוקיינוס הארקטי

Северный полюс

הקוטב הצפוני

Южный полюс

הקוטב הדרומי

Антарктика

אנטארקטיקה

земля

כדור הארץ

суша

אדמה

море

ים

остров

אי

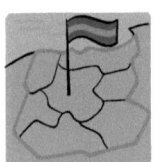

нация

לאום

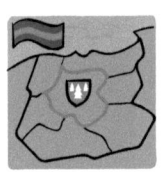

государство

מדינה

часы
שעון

циферблат
פני השעון

часовая стрелка
מחוג השעות

минутная стрелка
מחוג הדקות

секундная стрелка
מחוג השניות

Который час?
?מה השעה

день
יום

время
זמן

сейчас
עכשיו

электронные часы
שעון דיגיטלי

минута
דקה

час
שעה

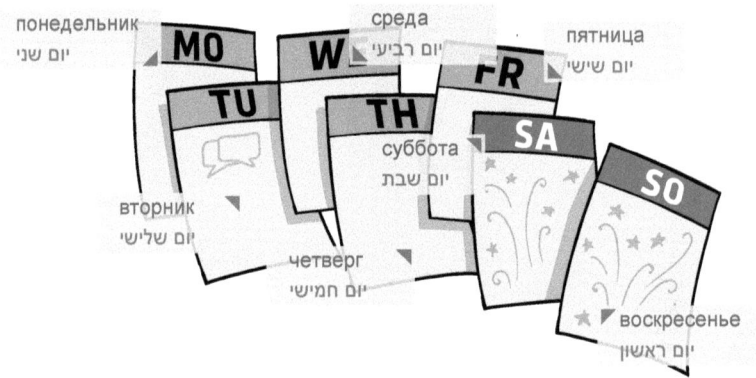

неделя

שבוע

понедельник
יום שני
MO
среда
יום רביעי
W
пятница
יום שישי
FR
TU
TH
SA
суббота
יום שבת
SO
вторник
יום שלישי
четверг
יום חמישי
воскресенье
יום ראשון

21

вчера

אתמול

2

сегодня

היום

3

завтра

מחר

утро

בוקר

полдень

צהריים

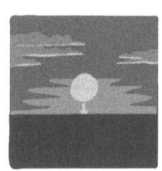

вечер

ערב

MO TU WE TH FR SA SU
1 2 3 4 5 6 7
8 9 10 11 12 13 14
15 16 17 18 19 20 21
22 23 24 25 26 27 28
29 30 31 1 2 3 4

рабочие дни

ימי עבודה

MO TU WE TH FR SA SU
1 2 3 4 5 6 7
8 9 10 11 12 13 14
15 16 17 18 19 20 21
22 23 24 25 26 27 28
29 30 31 1 2 3 4

выходные

סוף שבוע

год

שנה

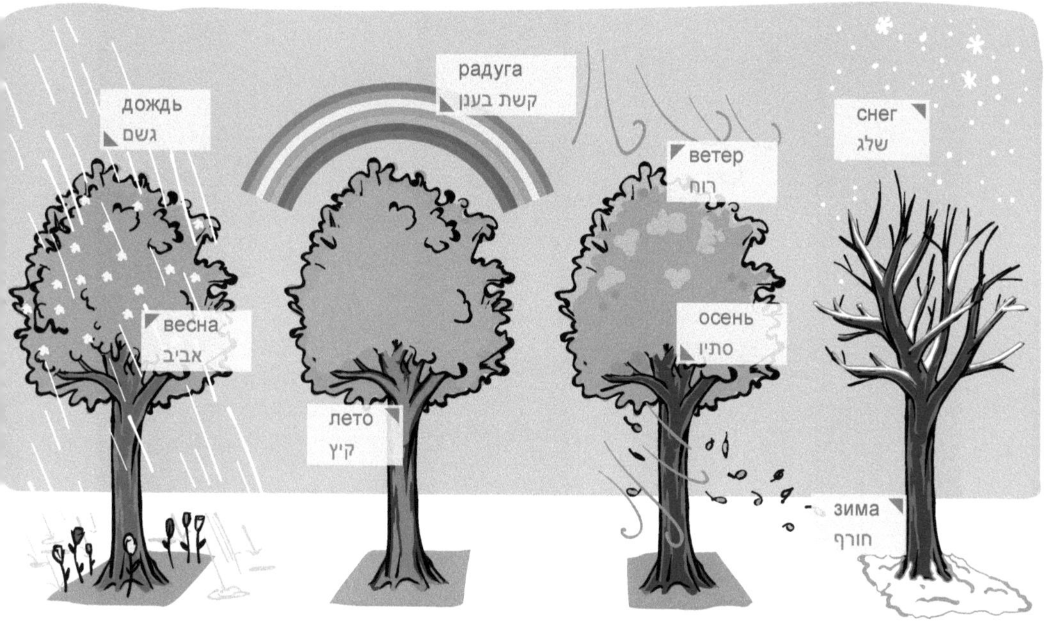

дождь
גשם
радуга
קשת בענן
ветер
רוח
снег
שלג
весна
אביב
осень
סתיו
лето
קיץ
зима
חורף

4.APRIL 11°
5.APRIL 4°
6.APRIL 13°
7.APRIL 8°
8.APRIL 10°

прогноз погоды

תחזית מזג האוויר

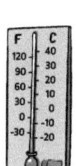

термометр

מד חום

солнечный свет

אור שמש

туча

ענן

туман

ערפל

влажность воздуха

לחות

молния

ברק

гром

רעם

буря

סערה

град

ברד

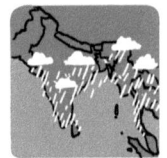

муссон

רוח עונתי

наводнение

שיטפון

лёд

קרח

январь

ינואר

февраль

פברואר

март

מרץ

апрель

אפריל

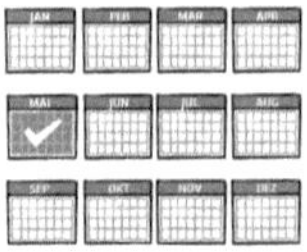

май

מאי

июнь

יוני

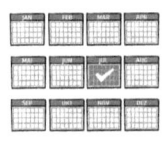

июль

יולי

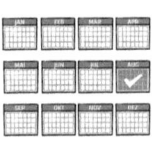

август

אוגוסט

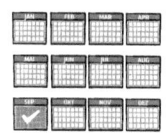

сентябрь

ספטמבר

октябрь

אוקטובר

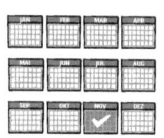

ноябрь

נובמבר

декабрь

דצמבר

формы

צורות

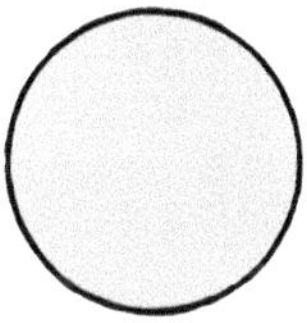

круг

עיגול

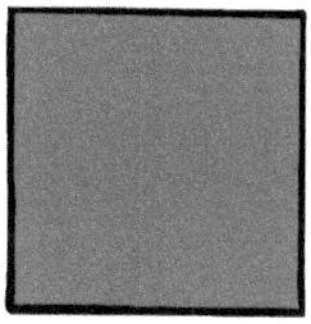

квадрат

מרובע

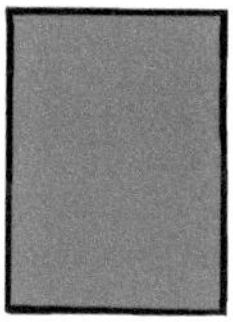

прямоугольник

מלבן

треугольник

משולש

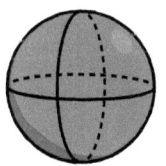

шар

כדור

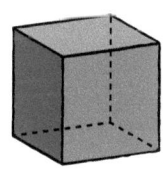

куб

קובייה

цвета

צבעים

белый

לבן

желтый

צהוב

оранжевый

כתום

розовый

ורוד

красный

אדום

лиловый

סגול

синий

כחול

зелёный

ירוק

коричневый

חום

серый

אפור

черный

שחור

противоположности

הפכים

много / мало

הרבה / מעט

яростный / мирный

כועס / רגוע

красивый / уродливый

יפה / מכוער

начало / конец

התחלה / סוף

большой / маленький

גדול / קטן

светлый / темный

בהיר / כהה

брат / сестра

אח / אחות

чистый / грязный

נקי / מלוכלך

полный / неполный

שלם / חלקי

день / ночь

יום /לילה

мёртвый / живой

מת / חי

широкий / узкий

רחב / צר

съедобный / несъедобный

אכיל / לא אכיל

злой / дружелюбный

רשע / טוב לב

взволнованный /
скучающий

מתרגש / משועמם

толстый / худой

שמן / רזה

сначала / в конце

ראשון / אחרון

друг / враг

חבר / אויב

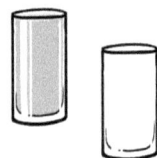

полный / пустой

מלא / ריק

твёрдый / мягкий

קשה / רך

тяжёлый / легкий

כבד / קל

голод / жажда

רעב / צמא

больной / здоровый

חולה / בריא

незаконный / законный

בלתי-חוקי / חוקי

умный / глупый

נבון / טיפש

слева / справа

שמאל / ימין

близко / далеко

קרוב / רחוק

новый / подержанный

חדש / משומש

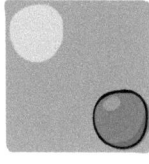

ничто / нечто

כלום / משהו

старый / молодой

זקן / צעיר

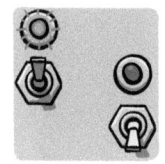

включено / выключено

פעיל / כבוי

открыто / закрыто

פתוח / סגור

тихо / громко

שקט / רועש

богатый / бедный

עשיר / עני

правильный /
неправильный

נכון / שגוי

шероховатый / гладкий

מחוספס / חלק

печальный / счастливый

עצוב / שמח

короткий / длинный

קצר / ארוך

медленный / быстрый

איטי / מהיר

мокрый / сухой

רטוב / יבש

тёплый / прохладный

חם / קר

война / мир

מלחמה / שלום

цифры
מספרים

0

ноль

אפס

1

один

אחת

2

два

שתיים

3

три

שלוש

4

четыре

ארבע

5

пять

חמש

6

шесть

שש

7

семь

שבע

8

восемь

שמונה

9

девять

תשע

10

десять

עשר

11

одиннадцать

אחת-עשרה

12
двенадцать

שתים-עשרה

13
тринадцать

שלוש-עשרה

14
четырнадцать

ארבע-עשרה

15
пятнадцать

חמש-עשרה

16
шестнадцать

שש-עשרה

17
семнадцать

שבע-עשרה

18
восемнадцать

שמונה-עשרה

19
девятнадцать

תשע-עשרה

20
двадцать

עשרים

100
сто

מאה

1.000
тысяча

אלף

1.000.000
миллион

מיליון

ЯЗЫКИ

שפות

английский

אנגלית

американский английский

אנגלית אמריקאית

мандаринский китайский

סינית מנדרינית

хинди

הודית

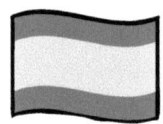

испанский

ספרדית

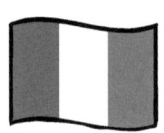

французский

צרפתית

арабский

ערבית

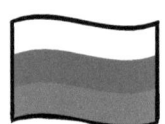

русский

רוסית

португальский

פורטוגזית

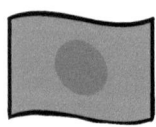

бенгальский

בנגלית

немецкий

גרמנית

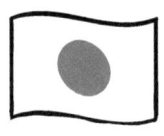

японский

יפנית

кто / что / как
מי / מה / איך

я

אני

ты

אתה / את

он / она / оно

הוא / היא / זה

мы

אנחנו

вы

אתם

они

הם

кто?

מי?

что?

מה?

как?

איך?

где?

איפה?

когда?

מתי?

имя

שם

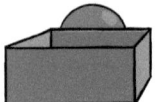

где

איפה

за

מאחור

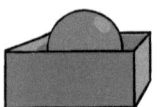

в

בתוך

перед

לפני

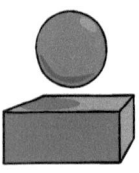

над

מעל

на

על

под

מתחת

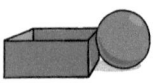

рядом

ליד

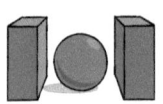

между

בין

место

מקום